AF336792

MÉMOIRE

RELATIF A LA QUESTION DE LA

VENTE

DE

l'Huile de Foie de Morue

par les Droguistes.

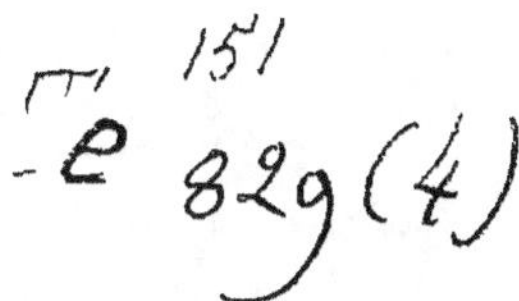

Imp. de E. Castiaux-Richez, grande place, 13, à Lille.

MÉMOIRE

Présenté a Monsieur le Procureur de la République près le Tribunal de première instance de Lille, par la Société des Pharmaciens du nord de la France (1)

Lille, le 9 juin 1873.

Monsieur ,

Par lettre en date du 7 mai 1873 vous m'avez témoigné le désir de recevoir, des membres de la Société de Pharmacie un Mémoire relatif à la question litigieuse de la vente de l'huile de foie de morue par les droguistes.

La solution de cette question intéressant tous les pharmaciens, je les ai engagés à se réunir en séance extraor-

---

(1) La Cour d'appel de Paris a dernièrement rendu le jugement suivant parfaitement motivé, que nous croyons devoir reproduire :

« La Cour : — Sur les conclusions de Julliard et Fouquerolle, pharmaciens, parties civiles, intervenant dans les poursuites exercées par le ministère public contre la femme Dieudonné; — Considérant que l'exercice illégal de la pharmacie porte nécessairement un dommage aux pharmaciens, puisqu'il constitue nécessairement une usurpation des droits qui leur sont conférés par la loi; — Que le fait même de cette concurrence illicite leur donne un intérêt actuel et un droit né pour obtenir la réparation du préjudice causé; — Rejette l'exception;

Statuant au fond : — Considérant que, depuis moins de trois ans, à Paris, la femme Dieudonné a mis en vente et vendu : 1.° De l'huile de foie de morue de Nowége, de Derocque, en flacons de 275 à 600 grammes; 2.° Des dragées à l'extrait de l'huile de foie de morue, de Derocque; — Considérant que les dispositions légales qui règlent l'exercice de la pharmacie ont été dictées dans le but d'operer la

dinaire afin d'apporter à la justice les lumières de leur expérience scientifique et pratique.

Les sections de Vervins, Soissons, Château-Thierry, Bohain, Saint-Quentin (département de l'Aisne), de Cambrai, d'Avesnes, de Lille (département du Nord) et d'Arras (Pas-de-Calais) affiliées à la Société des Pharmaciens du Nord de la France ont répondu à mon appel et m'ont envoyé les procès-verbaux de leurs réunions.

. Les questions à l'ordre du jour étaient les suivantes :

1.º L'huile de foie de morue est-elle une drogue simple ?

2.º Est-elle un médicament ou un aliment?

3.º Peut-elle être vendue par les épiciers et les droguistes au poids médicinal ?

---

sûreté dans le débit des médicaments ; — Que c'est ainsi qu'ont été réservés exclusivement aux pharmaciens, non-seulement la vente et le débit des compositions, préparations et mixtures entrant au corps humain sous forme de médicament et médecine, mais encore le débit au poids médicinal des drogues simples ; — Considérant que par ces expressions *débit au poids médicinal*, opposées, dans l'article 33 de la loi du 21 germinal an XI, à celles de *vente en gros*, on doit entendre, non les ventes aux poids indiqués dans les *Dispensaires* et *Formulaires*, mais toutes les ventes en détail des drogues ou préparations pharmaceutiques ; — Considérant que, si l'huile extraite du foie de morue est employée dans certaines industries, elle constitue aussi un médicament dont il est fait usage dans le traitement de quelques maladies ; — Que cette huile, livrée à la consommation pour un usage médicinal, devient une drogue simple dont le débit est interdit à tous autres qu'aux pharmaciens ; — Considérant que les dragées à l'extrait d'huile de foie de morue, de Derocque, consistant dans une capsule renfermant un extrait concentré de cette huile, extrait fabriqué à l'aide d'un appareil spécial, constituent une préparation pharmaceutique qui n'est ni conforme aux *Formulaires* ou *Codex* légalement rédigés et publiés, ni achetée et rendue publique par le gouvernement, conformément au décret du 18 août 1870, ni composée pour chaque cas particulier sur les prescriptions du médecin ou de l'officier de santé et constituant dès lors un remède secret ;

4.º Y a-t-il une distinction à établir entre l'huile pré-parée pour l'usage interne et celle employée pour la corroierie ?

Cette dernière offre-t-elle des dangers quand elle est ingérée dans l'estomac ?

Il y a eu dans les réponses motivées faites à ces questions par les pharmaciens des différentes sections une telle concordance, qu'émanant d'hommes compétents et instruits, elles peuvent être considérées comme l'expression de la vérité.

La commission de rédaction de la nouvelle édition du Codex constituée en exécution de la loi du 21 germinal an XI, par divers arrêtés ministériels des 11 décembre 1861, 4 janvier, 12 mars et 16 juin 1862, présidée par M. Dumas, membre de l'Institut, définit le *médicament* : « Toute

---

Adoptant au surplus les motifs des premiers juges, — Met l'appellation au néant ; — Dit que les dommages-intérêts s'appliquent seulement au préjudice causé par la vente de l'huile de foie de morue ; — Ordonne que ce dont est appel sortira effet, et condamne la femme Dieudonné aux dépens ; — Déclare les parties civiles responsables des frais vis-à-vis du Trésor public, sauf leur recours contre la femme Dieudonné. »

Les inspecteurs des pharmacies et des épiceries, de l'arrondissement de Lille, ayant constaté que la vente de l'huile de foie de morue médicinale se faisait par des épiciers, droguistes, marchands de couleurs, corroyeurs, au mépris des prescriptions de la loi du 21 germinal an XI, au préjudice des pharmaciens et de la santé publique, ont fait opérer une saisie de cette huile chez un droguiste qui a été condamné par le tribunal civil de première instance.

Appel de ce jugement ayant été interjeté devant la Cour de Douai, cette dernière a infirmé le jugement du Tribunal de Lille, se fondant, parmi ses motifs, sur ce que l'huile de foie de morue est un aliment.

Le procureur général afin de fixer la jurisprudence sur cette question, s'est pourvu en cassation contre l'arrêt de la Cour. C'est à cette occasion que le Mémoire ci-dessus a été demandé par le Parquet à la Société des Pharmaciens du Nord de la France.

substance introduite dans l'économie en vue de remédier à un état de maladie.

» Les médicaments sont donc des matières pondérables.

» Les médicaments simples consistent en produits naturels empruntés aux trois règnes de la nature.

» La commission du codex n'a classé dans cet ouvrage que les produits naturels ou les préparations de l'art *reconnus dans la pratique actuelle comme médicaments.*

» Mais le pharmacien donne le titre de médicament à toute substance inscrite au codex comme faisant partie de la matière médicale ; à tout produit simple ou composé qu'on lui demande et qu'on se propose d'administrer pour remédier à un état de maladie.

» A quels signes distinguer le médicament sincère du médicament fictif, *l'aliment pur de l'aliment médicamenteux ?*

» Quoique la commission du codex ait dû se poser souvent ces questions et les résoudre, le pharmacien n'a point à débattre ces sortes d'appréciations ni à se prononcer à leur sujet. »

Puisque la distinction a été établie par la Cour, relativement à l'huile de foie de morue, les membres de la Société des Pharmaciens du Nord de la France croient devoir discuter l'opinion des juges qui leur parait erronée.

En effet, page 59 du codex, on trouve parmi les drogues simples ou médicaments que les pharmaciens doivent nécessairement avoir dans leurs officines, *l'huile de foie de morue.* Huile extraite du foie de la morue franche, poisson de la famille des gadoïdes.

Observation. — L'huile de foie de morue est de couleur très-différente suivant le procédé qui a servi à sa préparation. Les huiles *très-brunes* qui proviennent de la décomposition plus ou moins avancée des foies et qui sont d'une odeur et d'un goût repoussants sont par là même peu propres à l'usage médical. Les huiles *très-blanches* qui ont été décolorées par un agent chimique sont aussi à rejeter. Les huiles *blondes* ou légèrement *ambrées* qui proviennent de la fusion des foies récents à une chaleur inférieure à 100 degrés doivent être préférées. Un gramme d'huile de foie de morue mélangé à trois gouttes d'acide sulfurique concentré prend une couleur pensée magnifique qui s'éclaircit peu à peu et passe au rouge cerise ; plus tard le mélange devient d'un jaune noirâtre.

Voilà bien l'indication des caractères du médicament qu'on doit choisir parmi les produits commerciaux livrés par l'industrie quand on l'emprunte à cette source. Pour éviter les fraudes, la mauvaise qualité ou la falsification du produit par des huiles étrangères, on fait connaître au pharmacien un moyen d'investigation dont les résultats sont certains.

C'est bien là l'esprit de sollicitude pour les intérêts sanitaires des populations qui a inspiré la loi de germinal an XI.

Plus loin, pour les pharmaciens qui ne veulent pas employer pour le service de leur clientèle l'huile de foie de morue préparée en grand par l'industrie, le codex, page 342, indique la marche à suivre pour préparer eux-mêmes ce médicament :

« Foies de morue récents . . Q. V.

Débarrassez-les des membranes qui y adhèrent, coupez-les et faites-les chauffer au bain-marie dans une bassine étamée en remuant continuellement jusqu'à ce que l'huile vienne à la surface. Passez alors avec une légère expression à travers un filtre de laine. Abandonnez l'huile à elle-même pendant quelques jours et filtrez-la au papier. L'huile ainsi obtenue est d'une couleur légèrement ambrée. »

Si le codex prescrit les soins minutieux à apporter à la
préparation de cette huile, s'il condamne l'huile blanche
décolorée par des procédés chimiques et les huiles très-
brunes c'est parce que ses rédacteurs, éclairés par l'expérience thérapeutique, ont compris toute l'importance qu'il
y a à n'apporter aucune altération dans les principes cons-
titutifs de ce médicament héroïque et à lui conserver ainsi
le maximum des propriétés sur lesquelles compte le médecin qui en conseille l'emploi à ses malades.

Nous venons de citer le codex, demandons maintenant à
l'histoire des témoignages sur les propriétés thérapeutiques
de l'huile de foie de morue. Elle nous apprend (*) que cette
huile était employée de temps immémorial parmi le peuple
en Angleterre, en Hollande, en Westphalie et sur tout le lit-
toral du Nord de l'Allemagne dans le traitement du rhuma-
tisme et du rachitisme. Percival et Darbey furent, en 1790,
les premiers qui firent connaître au monde médical les
résultats d'expériences qu'ils avaient faites dans les hôpi-
taux. En 1822, Schenck de Liegen publia dans le journal de
Hufeland une série d'observations sur l'efficacité de l'huile
de foie de morue contre les rhumatismes chroniques et par-
ticulièrement contre la sciatique et le lumbago. Scherer
en 1825, Elberling et Reder en 1826, Bettinger en 1827,
Fehr en 1829, présentèrent de nombreuses observations
sur cet important médicament. (*) Bretonneau, qui ignorait
les travaux entrepris en Allemagne sur l'huile de foie de
morue, l'employa contre le rachitisme avec un succès
remarquable. Trousseau a constaté des résultats qui ont
dépassé son attente. Stapleton, Wesener, Wolkmann,
Schütte ont constaté son efficacité dans les maladies chro-

(*) Traité de thérapeutique et de matière médicale de Trousseau et
Pidoux, 3.ᵉ édit. Paris, 1847; t. ɪ. page 278.

niques ou scrofuleuses du système osseux. Pereira de Bordeaux prôna ses effets contre la phthisie pulmonaire.

Cependant il s'est élevé une singulière controverse en Belgique et en Allemagne entre un assez grand nombre de praticiens déniant à l'huile de foie de morue toute propriété spéciale, et accordant les mêmes vertus thérapeutiques à l'huile de poisson retirée surtout des cétacés.

Quelques médecins ont été plus loin et ont attribué aux huiles comestibles quelconques des propriétés curatives égales à celles de l'huile de foie de morue.

Le temps et l'expérience ont fait justice de ces aberrations et aujourd'hui l'huile de foie de morue a évidemment pris rang parmi les substances médicamenteuses inscrites dans notre matière médicale.

Il y a peu de temps encore (*) on trouvait dans le commerce trois variétés d'huile de foie de poisson : *L'huile blanche* est celle qui se sépare la première par le simple tassement des foies rassemblés dans une cuve et qui forme environ la moitié de leur poids. L'*huile brune* se sépare plus tard lorsque le parenchyme hépatique commence à s'altérer. L'*huile noire* est obtenue en faisant bouillir dans l'eau la matière plus ou moins putride qui a fourni les deux huiles précédentes. Elles étaient troubles, épaisses et dégoûtantes à boire. Aujourd'hui on les trouve tout à fait transparentes, souvent même décolorées par quelque procédé chimique, et plus ou moins privées de leur odeur caractéristique ce qui peut diminuer beaucoup leurs propriétés dans l'application médicale.

En Norwège et en Russie on opère actuellement sur les foies de morue au moyen d'appareils à double-fond entre les parois desquels circule un jet de vapeur. Les foies

---

(*) Histoire naturelle des drogues simples, par Guibourt ; tome 4, 6.ᵉ édit. Paris, 1870.

placés dans ces vases donnent d'abord à une douce chaleur une *huile blanche* qu'on prend la précaution de filtrer. On remue ensuite les foies et on obtient ainsi l'*huile blonde*. On pousse enfin le chauffage, on fait bouillir pendant dix heures environ et on obtient l'*huile brune*. Les résidus sont en général utilisés comme engrais.

Guibourt a trouvé à Paris, chez M. Ménier, quatre qualités différentes d'huiles purifiées. La première est celle qui est vendue par M. de Jongh comme véritable huile de foie de morue préparée aux îles Lofoden en Norwège. Elle est transparente, de couleur de vin de Malaga, de consistance onctueuse, d'une odeur très-forte d'huile de poisson, d'un goût supportable et privé de rancidité. La seconde, vendue sous le nom d'*huile de foie de morue brune*, est de couleur semblable à la première, mais plus fluide, d'une odeur moins forte et d'un goût moins désagréable ; c'est celle qui est le plus employée. La troisième, nommée *huile blonde* est à peu près de la couleur du vin de Madère, d'une odeur encore plus faible que la précédente et peut être employée au début pour accoutumer les malades au goût de poisson. Quant à la dernière, vendue sous le nom d'*huile de foie de morue blanche*, et qui vient d'Angleterre elle est presque incolore, d'un goût très-faible et doit avoir été décolorée au moins à l'aide du charbon.

Depuis les progrès accomplis dans les sciences physiques et naturelles, la thérapeutique s'efforce de devenir rationnelle et pour cela elle recherche les principes immédiats ou élémentaires auxquels les médicaments simples ou composés doivent leurs propriétés. Dans cet ordre d'idées plusieurs chimistes, De Jongh, Girardin et Preisser, Gobley, Personne, Delattre, etc... ont soumis à l'analyse les diverses variétés commerciales d'huiles de foie de morue, de raie, de squale et y ont constaté la présence des métalloïdes chlore, iode, phosphore, brome, soufre en quantité notable. Comme on a attribué à ces métalloïdes les principales propriétés thérapeutiques de l'huile de foie de morue, on est arrivé à préférer celle qui en contient le plus. En se fondant sur cette base les huiles de foie de morue vierge, ambrée, blonde dont la richesse est à peu près la même, ainsi que l'huile de foie de squale seraient les meilleures ; cette dernière dans certain cas serait supérieure à l'huile de foie de morue ; ensuite viendrait l'huile de foie de morue brune, puis l'huile de foie de raie et enfin l'huile de foie de morue noire.

On a par suite, pour éviter aux malades le goût désagréable des huiles de foie de morue, préparé des huiles végétales, iodées, phosphorées, bromées, etc...

Quoiqu'il en soit comme on n'a aucune certitude sur l'influence thérapeutique exercée par l'un ou l'autre des corps dont la présence a été constatée analytiquement dans l'huile de foie de morue, comme on ne sait au juste quel est leur état de combinaison, il est plus sage de continuer l'emploi de l'huile naturelle dont les propriétés médicales dans des cas morbides spéciaux ont été consacrées par le temps et l'expérience.

Il est donc parfaitement démontré par la science et l'expérience que l'huile de foie de morue est un médicament et que jamais on ne la considérera comme huile comestible ou alimentaire.

Un aliment en effet est ce qui nourrit. (*) Dans le langage de la physiologie aliment est un terme générique qui sert à désigner toutes les matières, quelle qu'en soit la nature, qui servent habituellement ou peuvent servir à la nutrition. Au point de vue des besoins qu'ils satisfont les

---

(*) Littré. Dictionnaire.

aliments sont divisés en boissons , condiments ou assaisonnements et aliments proprement dits composés surtout de
principes d'origine végétale ou animale.

Dans certains pays des substances employées chez nous
exclusivement comme médicament , le sont comme aliments ; par exemple l'huile de ricin en Chine , peut-être
l'huile de poisson dans les régions polaires.

Mais en France personne n'emploiera ces substances
comme condiments ou assaisonnements. Leurs propriétés
et leur saveur désagréable inspirent aux malades qui sont
forcés d'en faire usage , une répulsion trop générale et
trop prononcée pour qu'ils y aient recours quand ils n'y
sont pas contraints par prescription médicale.

Comme drogue simple, la vente de l'huile de foie de
morue ne serait permise aux épiciers et droguistes qu'en
gros, sans pouvoir la débiter au poids médicinal. Et comme
cette substance n'est employée que pour combattre des
affections chroniques , que par suite son usage doit être
longtemps prolongé , le poids médicinal serait au moins le
kilogramme.

Mais comme médicament et préparation pharmaceutique
(codex page 342) la vente en est interdite à ces commerçants
sous peine de 500 fr. d'amende (art. xxxiii de la loi du 21
germinal an xi.)

L'huile de foie de morue commerciale , préparée à Dun-
kerque pour les besoins de la médecine , est généralement
de bonne qualité et ne renferme aucune substance nuisible
à la santé. Il n'en est pas de même de celle appelée *huile du
banc*, préparée à Terre-Neuve pendant la pêche ; elle renferme souvent du cuivre et peut, à cause de la présence de ce
métal dont les sels et les oxydes sont venéneux, donner lieu
à des empoisonnements chez les personnes qui en feraient
usage.

Si ce médicament était vendu librement et sans garantie pour le consommateur par des personnes incapables d'apprécier les caractères chimiques et physiques de l'huile, les falsifications dont elle pourrait être l'objet, que deviendrait la sécurité que la loi de germinal an xi a voulu donner à la société par les sages prescriptions qu'elle a édictées ? Comment l'exercice de la médecine serait-il possible si le médecin doutait de la pureté et de la bonne préparation des médicaments sur lesquels il fonde son espérance de soulager le malade confié à ses soins ?

Trop souvent malheureusement cette loi protectrice de la santé publique est violée impunément par les atteintes qu'y portent les personnes exerçant diverses professions (droguerie , épicerie, confiserie, chocolaterie, parfumerie , liquoristerie) , par les officiers de santé , herboristes , membres des corporations religieuses, etc.... pour que le corps pharmaceutique ne proteste pas contre ces errements qui lui sont très-dommageables.

Puisque la société a imposé au pharmacien des garanties onéreuses , restrictives de sa liberté ; puisqu'il a fourni ces garanties par la preuve des connaissances scientifiques et pratiques que l'état lui a procurées par son enseignement officiel , il est de son intérêt de revendiquer les privilèges que la loi lui a accordés , non comme faveur spéciale, mais comme compensation des charges légales qui lui incombent dans l'intérêt de la santé publique.

Se basant sur les considérations qui viennent d'être exposées dans ce Mémoire, la société des pharmaciens du Nord de la France est unanime pour déclarer :

1.° Que les médecins , qui , depuis de longues années d'expériences thérapeutiques , ont constaté les propriétés de l'huile de foie de morue , la prescrivent à leurs malades comme médicament pour guérir certaines maladies spéciales;

2.º Que l'huile de foie de morue médicinale est essentiellement différente par ses propriétés chimiques et physiques de l'huile de poisson employée dans les arts et l'industrie ;

3.º Que le codex légal l'a considérée non-seulement comme drogue simple mais encore comme préparation pharmaceutique médicinale ;

Qu'à ce dernier titre elle ne peut être vendue aux consommateurs, les malades, par d'autres personnes que les pharmaciens sous peine de 500 fr. d'amende ;

4.º Que la vente de l'huile de foie de morue par d'autres que les pharmaciens enlèverait à la santé publique la garantie légale à laquelle elle a droit et la compromettrait soit par les propriétés toxiques de certaines huiles, soit par la falsification de certaines autres, soit enfin par la mauvaise qualité d'un grand nombre.

5.º Que jamais et dans aucune localité de France l'huile de foie de morue n'a été et n'est employée comme huile comestible, aliment proprement dit, condiment ou assaisonnement.

Agréez, etc.

Pour copie conforme :

Le Président,

V. MEUREIN.

ANNEXE

*A Monsieur le Procureur de la République, près le
Tribunal de première instance de Lille.*

Lille, le 22 juin 1873.

Monsieur,

J'ai l'honneur de vous adresser copie d'une délibération
prise dernièrement par la Société de Pharmacie de Paris
relativement à la vente de l'huile de foie de morue par les
épiciers et les droguistes.

Je vous prie de l'annexer au Mémoire que je vous ai
communiqué récemment sur le même sujet au nom de la
Société que j'ai l'honneur de présider.

« Paris, le 17 juin 1873.

Monsieur le Vice-Président, (*)

La Société de Pharmacie de Paris a été saisie, dans sa
dernière séance, des quatre questions que vous lui avez
transmises concernant la vente de l'huile de foie de morue
par les épiciers et par les droguistes. Après avoir entendu
la lecture de la lettre que vous lui avez adressée, elle a
formulé son opinion comme il suit :

1.º L'huile de foie de morue est une drogue simple ;

2.º Elle constitue un véritable médicament ;

3.º Elle ne peut être vendue au poids médicinal, ni par
les épiciers, ni par les droguistes ;

____

(*) M. Gosselet, pharmacien à Landrecies.

4.° Il y a une distinction à établir entre l'huile de foie de morue préparée pour l'usage interne et celle qui est employée pour la corroierie, la première étant obtenue par des procédés particuliers que le codex indique, tandis que la seconde ne représente en général qu'un produit impur avec une odeur désagréable d'huile de poisson.

En vous transmettant cette délibération de la Société de Pharmacie de Paris, je dois ajouter qu'elle a été prise à l'unanimité des membres présents.

Veuillez agréer, Monsieur le Vice-Président, l'assurance de ma considération la plus distinguée,

Ch. BUIGNET,

Secrétaire général de la Société de Pharmacie de Paris. »

Veuillez remarquer, Monsieur le Procureur, que l'opinion de nos confrères de Paris est identique à la nôtre et à celle, je ne crains pas de l'affirmer, de tout le corps pharmaceutique de France, ce qui lui donne une grande autorité pour la solution de la question judiciaire pendante.

Recevez, Monsieur le Procureur, l'assurance de ma considération très-distinguée.

Le Président,

V. MEUREIN.